(424e)

CATALOGUE

—

ESTAMPES

ANCIENNES ET MODERNES

CARICATURES, COSTUMES, VUES

PORTRAITS

DES ÉCOLES ANGLAISES ET FRANÇAISES

ÉCOLE DU XVIIIe SIÈCLE

Baudouin, Boilly, Bonnet, Boucher, Demarteau, Debucourt
Fragonard, Freudeberg, Lavreince
Moreau, *Costume physique et moral*, avec A.P.D.R.
Queverdo, Saint-Aubin; *le Bal* avant la lettre, Tresca, C. Vernet.
Watteau

DESSINS

FRAGONARD : Visite à la Nourrice; et AUTRES

DONT LA VENTE AURA LIEU

HOTEL DES COMMISSAIRES-PRISEURS

RUE DROUOT, 9, SALLE No 4

AU PREMIER ÉTAGE

Les Lundi 18 et Mardi 19 Novembre 1878

A UNE HEURE PRÉCISE

Me MAURICE DELESTRE, Commissaire-Priseur,
Successeur de M. DELBERGUE-CORMONT,
rue Drouot, 27,
Assisté de **M. VIGNÈRES**, Marchand d'Estampes
rue de la Monnaie, 21 (ancien 13), à l'entre-sol,
CHEZ LEQUEL SE DISTRIBUE LE CATALOGUE

EXPOSITION PUBLIQUE

Le Dimanche 17 Novembre 1878, de 1 heure à 4 heures

—

PARIS — 1878

3.581-50
9519-50
13101 . .

CATALOGUE

ESTAMPES ANCIENNES ET MODERNES

1 **Académies** de femmes et d'hommes, par Julien, *Numa* et autres, et Statues d'ap. *Canova*. 21 lithog. in-fol. — 3 50

2 — Études d'hommes d'après nature, faites pour les concours de gravure de 1820 et autres. 16 p. — 2

3 — d'ap. *Girodet*, lith. et gravées d'ap. *Leclerc*, Statues, l'Homme blanc, l'Homme noir. 26 p. — 2

4 **Aubry**. Histoire pittoresque de l'Équitation. 28 p. in-fol. lithog., en feuilles. — 17

5 **Bernardi**. Nymphe couchée, d'ap. la statue de *Thorwaldsen*, de la galerie Aguado. Très-belle ép., toute marge. — 1

6 **Bois modernes**. Journal amusant, Journal illustré, l'Illustration, l'Univers illustré, etc. Plus de 140 p. — 1 50

7 **Bouchardon** (D'ap.). Sacrifice à Cérès. Ulysse évoque l'ombre de Tiresias. 2 p. grand in-fol., frises. — 2

8 **Canova** (D'ap.). Danzatrice. — Venere Vinci-
trice et autres. 4 p.

9 **Caricatures**. Parisiennes, Garde à vous, le
Suprême bon ton, et autres. 16 p.

10 **Charlet**. Sujets militaires et autres. 32 p.

11 **Colin**. Costumes d'Italie. 12 p. sur chine.

12 **Desnoyers**. Le Délire d'amour. In-fol.

13 **Devlamynck**, 1819. Romaine au bain, d'ap.
Odevaere. In-fol., toute marge.

14 **D'Hardiviller**. Eglington tournament, Costumes et Scènes. 4 p. lith., in-fol.

15 **Dominiquin** (D'ap.). Saints en pied, par
Bartolozzi. 10 p.

16 **Dubuffe**. Le Sommeil. — Le Réveil et autres
têtes de femmes. 11 p. lithog., in-fol.

17 **École anglaise**. Le Songe, sujet gracieux.
Superbe ép., toute marge.

18 — L'Amour, d'ap. *Reynolds*, avant toute lettre.
The little mountaineer. 2 p. très-belles; toute
marge.

19 **Egleton**. A Sketch from nature. — The queen
of hearts. 2 p. d'ap. *Rochard*. Superbes ép.
in-fol., toute marge.

20 **Feuchère**. L'Art industriel, par *Varin*. 5 p.

21 **Flatters** (D'ap.). Paradis perdu, de Milton,
11 p. in-fol., avant la lettre.

22 **Galerie** royale de Costumes, par *Deveria* et
autres, coloriés et noir. 15 p.

23 — de Versailles. Portraits et Sujets. 21 p.

24 **Gigoux**. Têtes de femmes, lithog. 7 p.

25 **Girodet** (D'ap.). Allégorie sur la naissance du duc de Bordeaux. — Les quatre Sujets du guerrier, d'ap. les tableaux au château de Compiègne. — Les seize Têtes, études tirées de l'Ossian, etc. 24 p., lithog. par *Aubry Lecomte*, etc.

26 **Grevedon**. Têtes de femmes. 25 p. lithog.

27 Histoire du Palais-Royal. 24 pl. par les premiers artistes. Lith. in-fol.

28 **Hooge** (Romain de). Départ de S. A. R. pour l'Angleterre. — Présidant l'Assemblée. — Mort de la reine. — Cortége de ses funérailles, etc. 15 p., dont 4 grand in-fol.

29 **Isabey** (D'ap.). Salle d'Exposition de J. Isabey, à Londres. Petit in-fol.; superbe ép., toute marge.

30 **Janet-Lange**. Souvenirs de 1780. Suite de 6 p. lithog., avec ton. Superbes ép., petit in-fol.

31 **Kœnig**. Ariane et Pendant, d'ap. *Girodet*. 2 p. petit in-fol. Superbes ép. avant la lettre, sur chine, toute marge.

32 **Lalaisse**. Costumes militaires français. 40 p. coloriées.

33 — Bastien, Charlet et autres, Costumes militaires coloriés et noir. 35 p.

34 **Lami** (Eugène). Costumes pour le bal de la duchesse de Berry. 10 p., dont une coloriée.

35 **Leblanc** (Th.). Retraite de Mascara. 12 p., lith. coloriées, et 2 costumes orientaux, noir. 14 p.

36 **Lithographies** de Fragonard et de Mongin.
12 p.

37 — Sujets religieux, Vierge, etc. 12 p.

38 — Sujets divers, Paysages, Têtes de femmes, etc.
20 p.

39 — Sujets gracieux de femmes, par Deveria,
coloriés, Felon et autres. 30 p.

40 **Le Brun** (D'ap.). Renouvellement d'alliance
avec les Suisses. — Siége de Tournay. 2 p.
in-fol. par *Leclerc*. Belles ép.

41 **Manière noire**. Couronnement d'épines. —
Effie et Jennie en prison, et autre. 5 p. in-fol.

42 **Musée cosmopolite**. Costumes de divers
pays, coloriés. 18 p., superbes.

43 **Noel** (Léon). Sujets divers, d'ap. *Bonington,
Boulanger, Delacroix*, etc. 6 p. sur chine.

44 — Têtes de femmes, et par *Desmaisons*. 14 p.

45 **Perelle**. Cahier de 24 paysages.

46 — Vues de Rome. 12 p. Superbes ép., marge.

47 **Pfitzer**. Naissance d'Henri IV. — Entrée
d'Henri IV à Paris. 2 p. petit in-fol. Superbes
ép. avant la lettre, toute marge.

48 **Photographie**. Bal donné au Louvre, par
Charles IX, pour le mariage du prince de
Béarn (Henri IV).

49 — Les Grâces, le Titien et la duchesse de
Ferrare, Diane de Poitiers, chez Jean Goujon.
3 p.

50. **Poussin** (D'ap.). Les Sacrements, par *B. Audran.*   2
6 p.

51. **Raffet.** Sujets militaires et par *Decamps* et   5 . 5
d'ap. *Géricault.* 26 p.

52. **Raphaël** (D'ap.). Les Stances du Vatican,   4 . 5
12 p. in-fol., publiées à Rome en 1813. Cahier
in-fol.

53. — Les sept Dieux et Déesses de la mythologie.   4
Cahier in-fol. de 7 p., toute marge.

54. — Les six Heures du jour et les six Heures de   42
nuit, 12 femmes dansant, sur fond noir, in-fol.
Très-belles ép., toute marge.

55. **Rioult** (D'ap.). S'y préparant. — Y entrant.   3 . 50
2 baigneuses. Manière noire, petit in-fol., toute
marge. Superbes ép.

56. **Saint-Jean** (D'ap. de). Dame se baignant les   3
pieds. — Le Négrillon apportant une lettre. 2 p.
in-fol., de la suite des appartements.

57. **Salvator Rosa.** Figures de soldats. 46 p.   2 . 50

58. **Vernet** (D'ap. H.). Calèche à quatre chevaux,   2 o
attelée à la Daumont, et autres Voitures, Chevaux, Chiens. 8 p.

59. **Vues** de France, Versailles et autres. 15 p.   2

60. — et Paysages de diverses écoles. 33 p.   4 . 50

61. **Wattier.** Deux Amants en conversation.   1 . 50
Superbe ép. avant toute lettre, in-4, sur chine.

62. **Diverses Écoles.** Sujets divers anciens et   6
autres. 24 p.

PORTRAITS

63 **Ardel** (M.). Lady Mary Campbell. Grand in-fol. d'ap. *Ramsay*.

64 **Aubert**. Duchesnois. — Talma. 2 p. in-fol. Toute marge.

65 **Audran**. Louis XV étant jeune, en pied, d'ap. *Gobert*. Grand in-fol. Belle ép.

66 — Le Maréchal d'Estrées. Petit in-fol. d'ap. *Lorgillière*, avant la lettre. Marge.

67 — Robert Secousse. In-fol. d'ap. *Rigaud*. Belle ép. Marge.

68 **Bartolozzi**. Catherine II en pied. In-fol. en bistre. Très-belle ép. Marge.

69 — Maria Cosway. In-4 en bistre. Très-belle ép.

70 **Becket**. Duchesse of Grafton. — Mme Lawson. 2 p. in-4.

71 **Beisson**. Louis XVIII. In-fol. Très-belle ép. Toute marge.

72 **Cars**. Le sage Fénelon. Grand in-fol. d'ap. *Grandon*.

73 **Chambars**. La Femme de Rubens en pied, eau-forte pure. — En buste, par de *Mare*. — Le Fils de Rubens, par *Salvador*. 3 p.

74 **Chereau**. Largillière peintre. — Cardinal de Polignac. 2 p. grand in-8.

75 **Chevillet**. Franklin. Petit in-fol. d'ap. *Duplessis*. Belle ép. Marge.

76 **Cooper**. La princesse Charlotte en pied, d'ap. *Dawe*. Grand in-fol. Superbe ép, avant la lettre. Marge.

77 **Danguin**, Eugénie Impératrice, d'ap. *Pommayrac*. Superbe ép. sur chine. Petit in-fol. Toute marge.

78 **Debucourt**. Louis XVIII, lettre grise. In-fol. en bistre. Très-belle ép. Marge.

79 **Dyck** (d'ap. Van). Lady countesse of Carlisle, en pied, par *Guntz*. In-fol. Très-belle.

80 — Les Comtesses, par *Lombard*. 10 p.

81 — Élisabeth Harvey. — Élisabeth Villiers. 2 p. par *Hollar*. Très-belles ép.

82 — Lucie Percye, par *Baillue*, avec J. Meyssens. Superbe ép.

83 — Cath. Howard. — H. de Lorraine. — E. de Solms. — M. Ruthen. 4 p.

84 **École anglaise**, Lady Essex Finch, l'Enfant au lapin, et autres, 5. Manière noire.

85 — La belle Hamilton. — Mrs Lister. 2 p. in-4. Très-belles.

86 **Folo**. Venere. In-4 d'ap. *Toffanelli*. Très-belle.

87 **Freschi**. Ch. Ph. comte d'Artois. Petit in-fol.

88 **Green**. Mrs. Cosway. Grand in-fol. Belle ép.

89 — La Mère et l'Enfant, d'ap. *West*. Belle ép.

90 **Grevedon** et **Mauzaisse**. Contemporains étrangers. 32 portraits lithog. In-fol. avec notice biographique et fac-simile d'écriture. Broché.

91 — et autres. Actrices, Pasta, Sontag, Taglioni, Talma, etc. 15 p.

1 — 92 **Hemery**. G. Netscher. — Sa Femme. — La
Famille. 3 p. in-fol.

4 0 — 93 **Isabey** (D'ap.). Sophie comtesse Zamoyski,   *Mudler 13   Michel 53   Mohesant 6*
princesse Czartoriska. Ovale in-4 en couleur.
Très-belle ép.

6 — 94 **Lasne** (Michel). Everard Jabach. In-fol.   *R. 25.*

1.50 — 95 **Laugier**. Chateaubriand. In-4 d'ap. *Girodet*.
Très-belle ép. Marge.

4.50 — 96 **Mee** (D'ap. Anne). Duchesse de Beaufort. —
Lady Dalrymple Hamilton. 2 p. grand in-4.
Toute marge.

1.50 — 97 — Lady Heathcote. Grand in-4 sur chine, par
Ager. Très-belle ép. Toute marge.

1.50 — 98 **Nanteuil**. Le Bassin (R. D. 35). Avant-dernier
état, avant : A Londres, chez Major. Très-belle
ép. Toute marge.

2 — 99 **Pedretti**. Le duc de Bourbon Condé, avant la   *Mauvais 1.50.*
lettre, sur chine. Petit in-fol. Très-belle ép.
Toute marge.

4 — 100 **Piehler**. Stanislas Auguste, roi de Pologne.
In-fol.

0 — 101 **Robert**. Mme Louis David sous le nom de la
duchesse douairière d'Orléans. In-4.

41 — 102 **Saint-Aubin** (Aug. de). L. E., baronne de   *1850.*   *Detaih fetes 20.*
(c'est le portrait de Mme de Saint-Aubin). —
A. S., marquise de (Boufflers). 2 p. petit in-fol.

5 — 103 — Au moins soyez discret. — Comptez sur mes   *130.*
serments (Portraits de M. et Mme de Saint-Aubin).
2 pièces.

104 **Smith** (D'ap.). Caroline de Brunswic. In-4. 8

105 **Tardieu**. Henri IV. In-4. Très-belle ép. 3

106 **Vallée**. La Dame au nègre (c'est le portrait de 3
Mᵐᵉ de Parabere). In-fol. d'ap. *Rigaud*.

107 **Vander Werff** (D'ap.). Henriette Anne. — 1
Cath. Howard. — Jeanne Seymours. 3 p. Belles
épreuves.

108 **Vandrebane**. Lady Lychfelde. Petit in-fol. 2

109 **Vangelisty**. Le comte de Vergennes, à mi-corps. 11
Grand in-fol.

110 **Vedreuil** (Charles de). The Daughters of Mis- 1
tress A. Gray. Lithog. d'ap. *Miss Laurence*. 2 ép.
Superbes.

111 **Vermeulen**. Vander Borcht en pied. Grand
in-fol. Très-belle ép. Marge.

112 — Jacques Sirmond, jésuite. Petit in-fol. Belle 2
épreuve.

113 **Ward**. Miss Goodall. Grand in-4. Marge. 1

114 **Watson**. Miss Beatson dessinant. In-fol. Belle 5 50
épreuve.

115 **Portraits** anglais, Célébrités diverses. 56 p. 2
2 lots.

116 **Portraits** par Balechou, Édelinck et autres. 4
In-fol. 12 p.

117 — Acteurs, Mᵐᵉ Chameroy, Fleury, Le Kain. 3 p. 4

118 — de Femmes célèbres, gravés et lithog. 12 p. 1

119 — de Célébrités diverses, gravés et lithog. 14 p. 1 50

120 — des Familles de Bourbon et d'Orléans et 2
pièces relatives. 18 p.

121 **Napoléon** et Famille. Son père Charles, 3. — Sa Mère, 3. — Général et Empereur, 7. — Son Fils. — Joséphine, 2. — Marie-Louise, 2. — Impératrice Eugénie, par Lafosse. — Fesch. — Marbeuf. — Stéphanie. En tout 23 p. différents formats, gravés et lithog.

122 **Récamier** (Mme) à mi-corps, par Ch. Silesien. In-4.

123 — Petit Costume. In-8. — Grand Costume, lithog., 1801. Lithog. coloriées. 2 p.

ESTAMPES DU XVIII° SIÈCLE

124 **Alix.** Vénus partant pour Cythère. In-fol. d'ap. *Bergeret.* Toute marge.

125 **Anonyme.** The Horse Split. Sujet gracieux rond. In-4 en couleur. Très-belle ép.

126 — Le Réfractaire amoureux. In-fol. Toute marge.

127 — Petite Fille tenant son chat. In-4. Belle ép.

128 — Intérieur d'une maison de jeux au Palais-Royal : on boit, on danse, etc.; réunion de plus de vingt-cinq personnes. Eau-forte pure *très-rare.* In-fol. Marge.

129 **Baudouin** (D'ap.). Le Matin. Eau-forte pure, avant le changement, très-rare. Sans marge.

130 — La Nuit. Très-belle ép. papier vergé. Grande marge.

131 — Le Matin, le Midi, le Soir. 3 p. Très-belles
ép. papier vélin. Toute marge.

132 — L'Épouse indiscrète, par *N. de Launay*. Très-
belle ép. in-fol. Très-grande marge.

133 — Le Carquois épuisé, par *N. de Launay*. Très-
belle ép. Marge vierge.

134 — L'Enlèvement nocturne, par *N. Ponce*. In-fol.
Très-belle ép. Grande marge.

135 — Le Fruit de l'amour secret. In-fol. par *Voyez*
junior. Superbe ép.

136 — Le Chemin de la fortune, par *Voyez major*.
Grand in-fol. Belle ép.

137 — Le Curieux, par *Maleuvre*. Papier vélin. Toute
marge.

138 — Le Catéchisme des demoiselles. — Le
Confessionnal. 2 p. in-fol. Marge.

139 **Bertaux** (Duplessis). Petites Batailles, Scènes
de la Révolution. 39 p.

140 **Berthault**. La Place Louis XVI et la Salle
d'Opéra. In-fol. Belle ép. Marge.

141 **Boilly**. La Partie de piquet. — Le Cabaret. —
Le Jeu de l'écarté. — Une Scène des boulevards,
par *Wattier*. 4 p. lithog.

142 **Boilly** (D'ap.). Honni soit qui mal y pense, par
Bonnefoy, 1792. Grand in-fol. avant la lettre.
Magnifique ép. Grande marge.

143 — On la tire aujourd'hui. Grand in-fol. par
Tresca. Très-belle ép. Toute marge.

144 — La douce Impression de l'harmonie. — Suite
de la douce Impression. 2 p. in-fol. par *Wolff*.

145 — La douce Résistance. Grand in-fol. par *Tresca*. Très-belle ép. Toute marge.

146 — Ça ira. — Ça a été. 2 p. grand in-fol.

147 — La Leçon d'union conjugale. Grand in-fol. par *Petit*.

148 — Jeune Femme pinçant le nez de son mari. Grand in-fol. avant la lettre, par *Petit*.

149 — Ah! comme il y viendra. — La Leçon de musique, par *Clavereau*. 2 p. in-fol. Marge.

150 — Le Bouquet, sans marge. — On nous voit. 2 p. in-fol.

151 — Les Hommes se disputent. — Les Femmes se battent. 2 p. in-fol. Très-belles ép. Toute marge.

152 **Bonnet**. Le Bain. — La Toilette, d'ap. *Jollain*. 2 p. en couleur. Sans marge.

153 — L'heureux Chat, d'ap. *Huet*. En couleur. Sans marge.

154 — La belle Cachette. En couleur. Petite marge.

155 — Vénus au bain. — Diane au bain. 2 p. en couleur. Très-belles ép. Marge.

156 — Jupiter et Io, d'ap. *Huet*. — L'Amour fait l'offrande de son cœur à Vénus. 2 p. in-4 en couleur.

157 — Le Chat au guet. — La Cage ouverte. 2 p. in-4 en couleur.

158 — Le bon Logis. — A beau cacher ; c'est le coin de la place Victoire. 2 scènes pittoresques de Paris, d'ap. *Le Clerc*. Sanguines. Très-belles ép. Marge. Très-rares.

159. — Femme assise, d'ap. le dessin d'Olivier. Fac-simile aux trois crayons. Très-belle ép. — 5 50

160. — Académies d'hommes, d'après *Boucher*. — Roubillac, d'après *Le Clerc*. — Académies de femmes, sanguines, etc, 20 p. — 6

161. — Tête d'enfant, d'ap. *Pierre*. — Académie d'enfant, d'après *Bouchardon*. Fac-simile de dessins, crayons noir et blanc sur papier bleu. 2 p. — 1 50

162. — Buste de jeune fille, sanguine. *Bonnet direx.* (119). Superbe ép. in-4. Marge. — 6

163. — Tête de jeune fille. Fac-simile du dessin de *Lagrenée* dédié à Mme la comtesse de Strogonoff, née princesse de Troubetskoy. Superbe ép. in-4. — 16

164. — L'Insomnie amoureuse : l'Amour sous le lit d'une femme qui va se coucher. In-fol. Sanguine d'ap. *Lagrenée*. — 2 50

165. — Mars et Vénus. Sanguine. In-fol, d'après *Lagrenée*. Superbe ép. Marge. — 8

166. — Nymphe nue couchée. Fac-simile du dessin de *Natoire*. Crayons noir et blanc sur papier bleu in-fol. Superbe ép. Grande marge. — 16 50 *Vig*

167. — La Chasse de l'Amour, d'ap. *C. Vanloo*. Sanguine petit in-fol. Superbe ép. Marge. — 13 *Vig*

168. **Borel** (D'ap.). Vous avez la clef, mais il a trouvé la serrure. — La Faute est faite, permettez qu'il la répare. 2 p. in-fol. en travers, par *Anselin*. — 21 *Vig*

169. — L'Indiscret, par *Dequevauviller*. Très-belle ép. papier vélin. Toute marge. — 13

170 — L'Innocence en danger. — Le voilà fait. 2 p.
par *Huot*. In-fol. en travers. Très-belles ép.
Toute marge.

171 **Bosio** (D'ap.). La Bouillotte. Composition de
plus de quinze figures, curieuse pour les
costumes.

172 — La Poule, danse. Composition de neuf figures.
Magnifique ép. coloriée, in-fol. Marge vierge
(attribué). Très-rare.

173 **Boucher** (D'ap.). L'Attention dangereuse, par
Dennel.

174 — L'Amour frivole, par *Beauvarlet*.

175 — L'Amour à l'épreuve, par *Beauvarlet*. Ces
3 p. sont sur papier vélin. Toute marge.

176 — Pastorales, par *Huquier*. C. 5 — D. 3.
2 p. Très-belles ép. in-4. Marge.

177 — Pastorale. Fac-simile de pierre d'Italie, avant
toute lettre. Petit in-fol.

178 — Vénus vue de dos et l'Amour. In-4.

179 — Quos ego. In-fol. par *Tilliard*. Très-belle ép.
Marge.

180 — Vénus qui s'éveille et l'Amour. Fac-simile
aux trois crayons. In-4 en travers.

181 — Berger et Bergère dansant. Sanguine petit
in-fol., avant toute lettre.

182 — Jeune Fille tenant son chat emmaillotté.
Fac-simile in-4, crayon noirs et blanc sur papier
bleu, par *Bonnet*, 1769.

183 — Buste de jeune fille. Fac-simile de pastel par
Bonnet, 1767, in-4 (9). Très-belle ép.

184 — Les Jeux de l'amour. Petit in-fol. par *Bonnet* 24
(77). Sanguine. Superbe ép., marge.

185 — Nymphe couchée regardant en l'air. Grand 6
in-4 en travers. Sanguine par *Bonnet* (153).
Superbe ép., très-grande marge.

186 — Buste de jeune fille coiffée d'un chapeau. 14
In-4, sanguine par *Bonnet* (154). Superbe ép.
marge.

187 — Jeune Fille assise de profil, regardant à 11
gauche. In-fol. Sanguine par *Bonnet* (156).
Superbe ép.

188 — Buste de jeune fille avec chapeau qui a des 14
fleurs. In-4. Sanguine par *Bonnet* (178). Superbe
ép., marge.

189 — L'Amitié réciproque. Petit in-fol. par *Bonnet* 20
(183). Sanguine. Superbe ép., marge.

190 — Le Repos champêtre (184). — Le Retour des 22
champs (185). 2 sanguines par *Bonnet* sur la
même feuille. Superbes ép., marge.

191 — Vénus au bain (186). — La Bergère bienfai- 28
sante (187). 2 sanguines par *Bonnet* sur la même
feuille. Superbes ép. marge.

192 — Le doux Entretien (188). — L'Agréable sur- 21
prise (189). 2 sanguines par *Bonnet* sur la même
feuille. Superbes ép. marge.

193 — Le Sommeil interrompu (190). — Les Amants 22
heureux (191). 2 sanguines par *Bonnet*, sur la
même feuille. Superbes ép., marge.

194 — Buste de jeune fille les bras croisés. Sanguine. 22
Bonnet direx, (198). Superbe ép., grande marge.

195 — Jeune Bergère assise et enfant tenant un oiseau. Sanguine in-fol. *Bonnet direx.* Superbe ép.

196 — Femme qui se lève parle à quelqu'un dans la ruelle, sujet gracieux. Sanguine in-fol. par *Bonnet* (13). Superbe ép., marge vierge.

197 — La Dormeuse. In-fol. en travers. Sanguine par *Bonnet* (196). Superbe ép., marge.

198 — L'Amour prie Vénus de lui rendre ses armes (17). — Le Réveil de Vénus. 2 fac-simile aux trois crayons. In-fol. par *Bonnet*. Superbes ép., marge.

199 — Vénus aux colombes, fac-simile de pastel. In-fol. par *Bonnet* (29). Belle ép., marge.

200 — Vénus assise et l'Amour, fac-simile de crayons noir et blanc sur papier bleu. In-fol. par *Bonnet* (14). Superbe ép., grande marge.

201 — Femme debout qui se lève, fac-simile de dessin aux crayons noir et blanc sur papier bleu. In-fol. par *Bonnet* (15). Superbe ép., grande marge.

202 — La Laveuse, fac-simile de dessin aux crayons noir et blanc sur papier bleu, par *Bonnet* (18). Très-belle ép.

203 — Le Sommeil de Vénus, fac-simile de dessin aux crayons noir et blanc sur papier bleu. In-fol. en travers par *Bonnet*. Superbe ép., grande marge.

204 — Deux Nymphes, deux Amours et deux Pigeons. Sanguines in-fol. par *Demarteau* (204). Superbe ép., marge vierge.

205. — Berger surprenant sa bergère prête à se   33
baigner. In-fol,, sanguine par *Demarteau* (61).
Superbe ép., marge vierge.

206. — Diane s'essuyant les pieds. Ovale in-4, crayons   5
rouge et noir, par *Demarteau* (489). Belle ép.

207. — Vénus désarmée par les Amours. In-4 en   12
travers aux crayons rouge et noir, par *Demarteau,* 1773 (379). Très-belle ép.

208. — Bergère dormant surprise par son berger.   9
In-4 en travers, sanguine par *Demarteau* (111).
Superbe ép., marge.

209. — Femme couchée dormant. Sanguine in-4 par   5
Demarteau (138). Belle ép., toute marge.

210. — Vénus couchée sur le ventre et l'Amour   17
dormant. Sanguine in-fol. par *Demarteau* (46).
Superbe ép., marge vierge.

211. — Femme nue couchée vue de dos. Sanguine   7
in-fol. par *Demarteau* (83). Très-belle ép., toute
marge.

212. — Vénus sur la mer sur un dauphin. In-fol. en   20
travers, sanguine par *Demarteau* (88). Superbe
ép., marge vierge.

213. — Vénus couchée dormant. Sanguine in-fol.   15
par *Demarteau* (161). Très-belle ép., toute marge.

214. — Des Nymphes et un Triton. Sanguine grand   14
in-fol. par *Demarteau* (53). Belle ép.

215. — Vénus réveillée par Zéphir. Rognée. — Petits   5
Paysans dans la cuisine (300). — La Musique,
groupe de trois Amours. 3 p. sanguine.

216 Bourgeois de la Richardière. Bacchante d'après *Greuze*. — Autre en pendant, avant la lettre, 2 p. in-4. Très-belles ép.

217 — La Volupté. — Le Désir. 2 têtes en couleur in-4. Très-belles ép.

218 Bradl. Intérieur de la grande salle du château royal de Christiansbourg, à Copenhague, ordonnée par le roi Frédéric V pour le mariage de Christian VII avec Caroline Mathilde, princesse de la Grande-Bretagne, 1766. Grand in-fol.

219 Canot (D'ap.). Le Souhait de la bonne année au grand papa. — Le Gâteau des Rois. 2 p. in-fol. par *Le Bas*. Belles ép.

220 — La Leçon de danse. In-fol. par *Le Bas*. Très-belle ép.

221 Caquet. La Soirée du Palais-Royal. In-fol. d'áp. *V*. Superbe ép., marge vierge.

222 Carême (D'ap.). Le Satyre impatient, par *Anselin*. In-fol. Très-belle ép., marge.

223 Cazenave. Le Nid d'amour. — A l'Amour il faut se rendre. 2 p. grand in-fol. couleur.

224 — La jeune Mère. — L'Épouse fidèle. 2 p. grand in-fol. Très-belles ép., toute marge.

225 Challe (D'ap.). Le Baiser refusé. In-4 en couleur. Très-belle ép.

226 — Le Repos interrompu, par *Vidal*.

227 — Les Appas multipliés, par *Dennel*. Papier vélin, toute marge.

228 — Le Portrait chéri, in-4 en couleur, chez *Bonnet*. Très-belle ép., marge.

229 **Chaponnier**. Danaé, d'ap. *Regnault*. Papier vélin, toute marge.

230 **Chardin** (D'ap.). Etude du dessin. In-fol. en travers par *Le Bas*.

231 **Chevalier** (Alexandre). Charges à l'eau-forte. 4 feuilles de 6 sujets formant 4 cahiers. 24 sujets.

232 **Chevaux** (D'ap.). Jeune Femme dans son lit. Ovale petit in-4. Sanguine par *Drarig*.

233 **Chevillet**. L'Amour des fleurs, d'ap. *Le Prince*. In-fol.

234 **Cipriani** (D'ap.). Buste de jeune Fille à sa toilette. — Autre avec un voile et une couronne de roses. 2 p. in-4 en couleur. Très-belles.

235 **Commarieux**, d'ap. *Vincent*. Ah! s'il y voyait. In-fol., charge.

236 **Coypel** (D'ap. Ant.). Satyre surprenant une nymphe endormie, par *Duchange*.

237 **Coypel** (D'ap. C.). La Doloride vient prier Don Quichotte. — Don Quichotte servi par les Demoiselles. — Il consulte la Tête enchantée. 3 p. in-fol.

238 **Cuvilliés** père. Coupe et profil pris sur la longueur; dans les souterrains, se voit la machine pour élever le parterre au niveau du théâtre, la décoration des loges, etc., 1771. Grand in-fol.

239 — Fête en 1775, pour honorer la fille de Charles VII, roi des Romains. Grand in-fol.

240 **Debucourt**. Les Visites, publié le 1ᵉʳ jour du xıx° siècle. In-fol., très-belle ép., toute marge.

241 — L'Orange ou le moderne Jugement de Pâris. In-fol., très-belle ép., grande marge.

242 — La Coquette et ses Filles, ou une Mère à la mode, 1803. Très-belle ép., toute marge, in-fol.

243 — Les Galants surannés, ou les petits Papas à la mode, 1804. Très-belle ép., toute marge, in-fol.

244 — Les petits Messieurs, ou les Adolescents à la mode. In-fol., 1804. Très-belle ép., toute marge.

245 — L'Innocente du jour, 1810. In-fol., très-belle ép., toute marge.

246 — La Croisée, coloriée. Grand in-fol. :

247 — Le Bouquet présenté. Grand in-fol., sans nom d'artiste.

248 **Desrais** (D'ap.). Promenade du boulevard italien, par E. Voysard. Petit in-fol., rare.

249 **De Troy** (D'ap.). Dame prenant son café, par J. Chereau. Grand in-4.

250 — Les Apprêts du bal. — Le Retour du bal, par Beauvarlet. 2 p. in-fol., papier vélin, toute marge.

251 **Duclos**. La Reine (Marie-Antoinette) annonçant à Mᵐᵉ de Bellegarde des juges et la liberté de son mari. In-fol., sans marge.

252 **Dugourc** (D'ap.). Le Lever de la mariée, par Triere. In-fol.

253 — Le Séducteur. Eau-forte pure, très-rare, avant la lettre.

254 **Dutailly** (D'ap.). L'Admiration de l'antique. — L'Imitation de l'antique. 2 p. in-fol., très-belles ép., toute marge.

255 **Eisen** père (D'ap.). La Folie du siècle, jeune fille qui a habillé son chat en militaire.

256 **Eisen** (D'ap. C.). La Vertu sous la garde de la Fidélité, par *Le Beau*, avant la lettre. Petit in-fol.

257 **Fokke** et **Vinkeles**. Fêtes données à Amsterdam en 1768, à l'occasion de l'arrivée du prince et de la princesse d'Orange. 13 p. petit in-fol. Superbes ép., marge.

258 **Fournier** (D'ap.). Le Bouquet présenté, in-fol. par *Wolff*. Très-belle ép.

259 **Fragonard** (D'ap.). L'Amour, jolie pièce ovale en couleur, grand in-4, par *Janinet*. Très-belle ép., rare.

260 — S'il m'était aussi fidèle, par *Dennel*. Belle ép.

261 — Le Verre d'eau, par *Ponce*. Belle ép.

262 — Les Pétards. — Les Jets d'eau. 2 p., chez *Alibert*. Ces 4 p. sont papier vélin, toute marge.

263 — Douce rêverie. — Atala. — Par eux l'Amour l'éclaire. — L'Enfant chéri. 4 p. in-fol.

264 — Jeune fille debout, de profil à gauche. Sanguine par *Bonnet* (201). Superbe.

265 — Femme debout. Sanguine par *Demarteau* (351).

266 — Le Contrat, in-fol. en travers par *Blot*. Très-belle ép., toute marge.

267 **Freudeberg** (D'ap.). Le Lever (1), par Romanet.

268 — Le Bain (2), par Romanet.

269 — La Toilette (3), par Voyez l'aîné.

270 — Le Boudoir (7), par Malœuvre.

271 — Les Confidences (8), par Lingée.

272 — La Promenade du soir (9), par Ingouf junior.

273 — La Soirée d'hiver (10), par Ingouf junior.

274 — Le Coucher (12), par Duclos et Bosse. Ces 8 p. font partie du Costume physique et moral au XVIIIe siècle. Très-belles ép., toute marge.

275 — Le petit Jour, par *N. De Launay*. Très-belle ép., toute marge.

276 — Lison dormait, par *Triere*. Très-belle ép., toute marge.

277 — La Matinée, la planche réduite pour le Costume physique et moral. Toute marge.

278 **J. G.** (D'ap.). L'agréable Illusion. In-fol. en travers; très-belle ép., toute marge.

279 **Garneray** (D'ap.). La Jarretière, par *Michault* et *Legrand*. Magnifique ép. avant la lettre, grand in-fol., marge vierge.

280 **Garnier** (D'ap.). Passage du ruisseau, grand in-fol., par *Petit*.

281 **Gautier Dagoti** (A.-E.). Académie d'Homme tenant un arc et un carquois de flèches. — Femme appuyée sur un autel de sacrifice et tenant une pomme de la main gauche. 2 p. grand in-fol., imp. en couleur.

282 **Gérard**. Jeune Fille appuyée sur un cadran solaire, d'ap. Mᵐᵉ *Gérard*. — Un Chien apporte un bouquet à la jeune fille, qui s'approche du cadran solaire, d'ap. *Vangorp*. 2 p. in-fol. avant la lettre. Très-tachées. *5 50*

283 **Gérard** (D'ap. Mᵐᵉ). L'Élève intéressante. Grand in-fol. par *Vidal*. *11*

284 **Gregori**. Le Sommeil de Vénus. In-fol. d'ap. le *Guide*. *1 50*

285 **Greuze** (D'ap.). La Mère en courroux. — Le Repentir. 2 p. in-fol., par *Moitte*. *9 50*

286 **Guyard**. L'Oracle consulté, costumés du Directoire. In-fol., toute marge. *rare* *13*

287 **Guyot**. La Dame de qualité. In-4. *4*

288 **Harriet** (D'ap.). Le Thé parisien, suprême bon ton au commencement du XIXᵉ siècle. In-fol. par *Adrien Godefroy*, en bistre. Costumes excentriques de cette époque. *50*

289 **Hilaire** (D'ap.). L'Esclave heureux, par *Mathieu*. In-fol., très-belle ép., marge vierge. *10*

290 **Hogarth** (D'ap.). Le Matin, le Soir et autres. 5 p. grand in-4. *3 50*

291 **Hudson** (D'ap.). La Société des Alderman, manière noire, sept figures. In-fol., très-belle ép. *16*

292 **Huet** (D'ap.). La Bergère satisfaite. In-4 en couleur, par *Bonnet*. Belle ép. *20*

293 — Ce qui est bon à prendre est bon à garder. In-fol. par *Chaponnier*, marge. *Vélin* *3 50*

294 — Le Frère donne des étrennes à sa sœur. —
La Bastille détruite, ou la petite Victoire. 2 p.
in-4 en couleur. *Bonnet* direxit. Très-belles ép.

295 **Imbert** (D'ap.). La Curieuse. In-fol. par
Letellier, belle ép.

296 **Ingouf** l'aîné (D'ap.). Zémire et Azor. In-fol.,
très-belle ép., toute marge.

297 **Jeaurat** (D'ap.). Le Carnaval des rues de
Paris. — Le Transport des Filles de joie à
l'hôpital. 2 p. par *Le Vasseur*. Grand in-fol.

298 — Le Repos de Diane. — Le Réveil amoureux,
d'ap. *Jourd'heuil*. 2 p.

299 **Joullain** (D'ap.). Femme nue assise, sanguine
par *De Frenne*. In-fol. en travers, très-belle ép.,
marge vierge.

300 **Kamric** (D'ap.). The desire, par *P.-F. Legrand*.
Ovale in-4, en bistre.

301 **Kufner**. Mort de Gustave III. In-fol., très-
belle ép.

302 **Laborde** (Alex. de). Voyage pittoresque et
historique de Catalogne. 77 p. et texte in-fol.

303 **Lagrenée** (D'ap.). Académies de femmes,
gravées par *Bonnet*. Sanguine, manière du
crayon. 17 p. grand in-fol. La première est
tirée du cabinet de S. A. madame la princesse
de Daschkow, dame d'honneur de S. M. I. de
toutes les Russies. Très-belles ép. Suite rare à
trouver réunie.

304 **Lancret** (D'ap.). L'Air. — L'Eau. 2 p. in-fol.,
belles ép.

305 — L'Enfance, par *De Larmessin*. On a commencé
à la colorier.

306 — On ne s'avise jamais de tout, par *De Larmessin*,
conte de La Fontaine. In-fol., toute marge.

307 **Lavreince** (D'ap.). L'heureux Moment, par
N. De Launay.

308 — L'Innocence en danger, par *Caquet*. In-fol.,
très-belle ép., toute marge.

309 — Les Offres séduisantes, in-fol. par *Delignon*.
Belle ép., toute marge.

310 — Le Repentir tardif, par *Le Vilain*. In-fol.,
très-belle ép., toute marge.

311 — Les Nymphes scrupuleuses, par *Vidal*. In-fol.,
très-belle ép.

312 — Le Déjeuner anglais, par *Vidal*. In-4 en noir,
très-belle ép., sans marge.

313 — Valmont et Émélie, ovale en couleur.
— Mrs Merteuil et Miss Cécile Volange, ovale
équarri en couleur. 2 p. par *Romain Girard*.

314 — L'Indiscrétion, par *Janinet*. Superbe et très-
rare ép. en noir, avant toute lettre, avec le pied
droit et avant le pied gauche de la femme
assise. Marge.

315 — Le Mercure de France : c'est Beaumarchais
assis qui lit. In-fol. en travers, très-belle ép.,
par *Guttemberg*, marge.

316 — Le Concert agréable, par *Varin*. In-fol. en
travers, très-belle ép., marge.

317 — Le Retour trop précipité, par *Pierron*. In-fol.,
très-belle ép., marge vierge.

318 — Le Roman dangereux, par *Helman*. In-fol.,
très-belle ép., toute marge.

319 — Qu'en dit l'abbé ? — Le Billet doux, 2 p. in-fol.
par *N. De Launay*. Belles ép., toute marge.

320 — Le Contre-Temps. In-fol. par *Dequevauviller*.
Belle ép., papier vélin, toute marge.

321 — L'Assemblée au Salon. Le texte en bas a été
arraché avec le papier qui avait été collé dessus.
— L'Assemblée au concert, sans marge. 2 p.
in-fol., par *Dequevauviller*.

322 — École de danse. In-fol. par *Dequevauviller*.
Très-belle ép., toute marge.

323 **Le Bel** (D'ap.). La Fidélité en défaut. In-fol.
en travers, par *Hemery*. Très-belle ép., marge.

324 **Le Brun** (D'ap. L.). L'École de l'Amour, par
Châtelain. In-4.

325 — L'Intrigue découverte, par *Voysard*. Grand
in-4.

326 — La Déclaration d'amour, par *Patas*. Petit
in-fol.

327 — L'heureux Ménage, où les Époux vertueux.
In-fol. par *Martini*.

328 **Leclerc** (D'ap.). Histoire de l'Enfant prodigue.
6 p. in-fol., toute marge.

329 **Le Fèvre** (Éléonore, femme). Le pauvre jeune
Homme. — Quel est le plus heureux ? 2 p. in-fol.
d'ap. *E. Victoire*. Très-belles ép.

330 **Le Grand** (Aug.). Adam et Ève, d'ap. *Tresham*.

331 — Proverbe anglais : Quand la Misère entre par
la porte, l'Amour s'envole par la fenêtre. In-fol.,
très-belle ép.

332 — La jolie Veuve. — La Romanee. 2 p. in-4 en couleur, toute marge.

333 **Le Peintre** (D'ap.). La Cage symbolique. In-fol. par *Fessard*, toute marge.

334 **Le Prince** (D'ap.). Dame russe, par *Bonnet*.

335 — Femme de chambre russe, par *Bonnet*.

336 — Paysanne de Moravie venant du marché, par *Bonnet*. Ces 3 p. sont fac-simile de dessins aux trois crayons. Très-belles ép.

337 **Mallet** (D'ap.). Les Promesses de l'amour, par *Beljambe*.

338 — Les deux Amies à l'étude, par *Girard*. — Le Bouquet, sans nom d'artiste. 2 p.

339 — La Nouvelle intéressante, par *Mixelle*. Superbe ép. en noir, grand in-fol.

340 — La Visite du matin, par *Mixelle*. Grand in-fol. en couleur, très-belle ép., rare.

341 **Martini**. Exposition au Salon du Louvre en 1787. In-fol., très-belle ép., margé.

342 **Moitte** (D'ap.). L'Infidélité reconnue. Très-belle ép. avant la lettre, sans marge.

343 — L'Écueil de l'Innocence. In-fol. par *Deny*, très-belle ép., toute marge.

344 — Le Consommé. In-fol. par *Deny*.

345 — La Curiosité punie. In-fol. par *Deny*, papier vélin, toute marge.

346 **Monnet** (D'ap.). Les quinze Journées de la Révolution. In-fol. par *Helman*, toute marge.

347 — Vénus et Adonis. In-fol. par *Vidal*. Ép. avant le changement et avant la lettre, rare, toute marge.

348 **Monsiau** (D'ap.). Le Sommeil d'Érigone. In-fol. par *Cathelin*, papier vélin, toute marge.

Moreau le jeune (D'ap.). Pièces tirées du Costume physique au xviii° siècle. In-fol.

349 — Déclaration de la grossesse, par *Martini*. Toute marge.

350 — Les Précautions, par *Martini*. Sans marge.

351 — J'en accepte l'heureux présage, A. P. D. R., par *Triere*. Toute marge.

352 — N'ayez pas peur, ma bonne amie, par *Helman*. Avant la lettre, toute marge.

353 — C'est un fils, Monsieur, A. P. D. R., par *Baquoy*.

354 — Les petits Parrains, par *Baquoy* et *Patas*. Toute marge.

355 — Les Délices de la maternité, A. P. D. R., par *Helman*. Toute marge.

356 — L'Accord parfait, par *Helman*. Toute marge.

357 — Le Rendez-vous pour Marly. Sans marge.

358 — Les Adieux, par *De Launay*, A. P. D. R. Toute marge.

359 — La Rencontre au bois de Boulogne. Sans marge.

360 — La Dame du palais de la reine, A. P. D. R., par *Martini*. Toute marge.

361 — Le Lever, A. P. D. R., par *Halbou*. Marge.

362 — La petite Toilette, A. P. D. R., par *Martini*. Toute marge.

363 — La grande Toilette, par *Romanet*. Toute marge.

364 — La Course de chevaux. Sans marge.

365 — La Partie de wisch, A. P. D. R., par *Dambrun.* 33.0
Toute marge.

366 — Oui ou non; par *Thomas.* Toute marge. 3.0

367 — Le Seigneur chez son fermier. Sans marge. 13

368 — La Petite Loge, A. P. D. R., par *Patas.* Toute 22.5
marge.

369 — La Sortie de l'Opéra, par *Malbeste.* 61

370 — Le Souper fin, A. P. D. R., par *Helman.* 2.8.0
Toute marge.

371 **Mouchet.** (D'ap.). Le Réveil importun. — 60
Couchez-la. 2 p. ovalés en hauteur, par *L. Darcis.*
In-fol., très-belles ép., toute marge.

372 **Nerbé,** Familiarité dangereuse. — La Pan- 55
toufle. 2 p. in-fol., superbes ép., toute marge.

373 **Netver** (D'ap.). Petit Maître anglais en bonne 11
fortune. — Petite Maîtresse anglaise pinçant de
la guitare. 2 p. in-4. Charges rares.

374 **Picart** (B.). Le Pape va en cérémonie prendre 9.5.0
possession du Pontificat, dans l'église de Saint-
Jean-de-Latran, etc. Cortége en 2 feuilles, non
jointes. Très-belles ép., toute marge.

375 **Pièces historiques.** Procession de la Ligue. 2.5.0
In-fol. et in-4. 3 p.

376 — Ouverture des États généraux, à Versailles, 17
le 5 Mai 1789. Grand in-fol. en bistre, très-
belle ép.

377 — 31 Mai 1793. Grand in-fol., déchirée. 2.5.0

378 — La Fête de la Réunion. Grand in-fol., par 15
Duplessis-Bertaux.

379 — Entrée de Napoléon Ier dans Berlin. In-fol.
par *Le Beau*.

380 — Personnages du Sacre, d'ap. *Percier*. 4 p.
in-fol.

381 — Mariage, Sacre de Napoléon, Cortége,
Fêtes, etc., gravées. 14 p. in-fol.

382 — Scènes de la vie de Napoléon. 9 p. lithog.
In-fol.

383 — Personnages et Scènes du sacre de Charles X.
7 p. in-fol.

384 — Mort du général Marceau, par *Cazenave*.
In-fol., marge.

385 — Entrée des puissances alliées, en 1814, dans
Paris, par la Porte-Saint-Martin. Grand in-fol.,
par *Levachez*, grande marge.

386 — Arrivée et Réception de la princesse royale
au château de Dresde. In-fol., 11 p., par *Aveline*,
Scotin, etc. Très-belles ép., toute marge.

387 — La Rue Quincampoix. In-fol. *Weigel excud.*

388 — Vues de Versailles et autres pièces, 5 p.
in-fol.

389 **Pierre** (D'ap.). Bacchanales, rond in-fol., sanguine, par *Demarteau* (440). Belle ép., marge
vierge.

390 **Prudhon** (D'ap.). La Volupté, in-fol., gravé.
Superbe ép. avant toute lettre, marge, très-rare.

391 — Buste de jeune fille, lithog., avant toute
lettre. Très-belle ép., marge.

392 — Académie de femme à mi-corps, par *Carol*.
Lith. sur chine.

393 **Queverdo** (D'ap.). Prélude, in-4, par *Droyer*. Le *1 7*
Jeune homme mettant la jarretière à une jolie
femme. Ovale entouré de fleurs, superbe ép.

394 — Les Délices du printemps, par *Trussotte*. *8 5*
Grand in-4, très-belle ép.

395 — La Toilette de la mariée, ou le Jour désiré, *8*
Petit in-fol., très-belle ép., sans marge.

396 — Les Aveux sincères, ou les Accords de *7 5*
mariage, par *Martini*. Très-belle ép.

397 — Départ pour le Sabat, par *Maleuvre*. In-fol., *1 5*
papier vélin, toute marge.

398 — Nouvelle du bien-aimé, par *Romanet*. — Le *14 0*
Sommeil interrompu, par *Dambrun*. 2 p. ovale
équarri en travers, superbes ép. avant la dédicace, marges vierges.

399 **Ransonnette** (N.). Diane de Poitiers, duchesse *2 5*
de Valentinois, maîtresse d'Henri II, d'ap. *Lucas
Penni*, en pied, en Diane avec ses chiens. In-fol.
en travers, rare.

400 **Regnault**. Le Lever, charmante pièce en *42*
couleur, très-grand in-8, très-belle ép. On a
coupé avec un canif une petite partie de la robe
de la servante debout. Sans marge. — Copies à
la sanguine des deux pièces qui font pendant.
3 p.

401 **Restout** (D'ap.). Jésus-Christ et ses disciples à *1*
Émaüs. In-fol., par *Chenu*.

402 **Ruotte**. Infancy, d'ap. *Cosway*. Ovale in-4 en *1 5*
travers, en bistre, très-belle ép.

403 — Arrive, arrive! — Vénus conduite par l'Amour à Cythère. 2 p. in-fol., toute marge.

404 **Saint-Aubin** (D'ap. Aug. de). Promenade des remparts de Paris. Superbe ép. avant toute lettre, très-rare.

405 — Tableau des portraits à la mode, par *P.-F. Courtois*. Très-belle ép., petite marge.

406 — Le Bal paré, in-fol. par *Duclos*. Magnifique ép., avec le tapis dans le bas, avant la lettre, grande marge.

407 — Le Concert à Mme la comtesse de Saint-Brisson. Superbe ép., grande marge.

Ces deux charmantes compositions sont ce qu'il existe de plus complet sur les costumes du monde élégant et les riches intérieurs du XVIIIe siècle.

408 **Santerre** (D'ap.). Iris à la faveur de ce déguisement, etc. In-4, par *Chateau*.

409 **Schenau** (D'ap.). L'Optique renommé. In-fol., sanguine.

410 **Sicardi** (D'ap.). Mirate chel bel visino, en couleur. — Sa Mélodie charme les cœurs. 2 p. in-4, par *Mecou*. Très-belles ép., toute marge.

411 **Simon**. Mars : jeune Fille s'enveloppant de son voile. In-fol., toute marge.

412 **Thevenin**. Prise de la Bastille, 14 Juillet 1789. Eau-forte, grand in-fol.

413 **Tresca**. Les Croyables au Péron, costumes du Directoire. In-fol., toute marge, très-belle ép.

414 — La Folie du jour. In-fol., toute marge, très-belle.

415 — Point de convention. In-fol., toute marge, *10.5*
très-belle.

416 — La Folie du jour. — Point de convention. *15*
2 p. in-fol.

417 **Trinquesse** (D'ap.). L'Irrésolution, ou la *50*
Confidence. In-fol. par *Pierron*, 1787. Très-belle
ép., toute marge.

418 **Valin** (D'ap.). La Jouissance. — Le Désir. 2 p. *12*
petit in-4 en couleur, par Bouquet, Têtes de
jeunes filles, toute marge.

419 **Vangorp** (D'ap.). C'est papa, ovale équarri *50*
in-fol. en travers, par *De Launay*. Très-belle
ép., marge vierge.

420 — L'Étude du dessin. In-fol. par *Eymar*. *5*

421 **Vendramini**. Adam et Eve. — Achève ton *2*
ouvrage, par *Elluin*, d'ap. Dugoure. 2 p. in-fol.

422 **Vernet** (D'ap. Carle). Les Merveilleuses. In-fol. *13*
par *Darcis*, rare.

423 — L'Anglomane. In-fol. par *Darcis*. Belle ép., *9*
toute marge.

424 — Costumes modernes français et anglais. *39*
Grand in-fol. par *Levachez*. Très-belle ép.,
marge.

425 **Vinkeles**. Auditoire dans l'édifice de la *18*
Société Félix Meritis. In-fol.

426 — Fête de l'Alliance. — Fête de la Liberté. 2 p. *28*
in-fol., très-belles ép.

427 **Vivares** (Chez). Jupiter and Antiope. In-fol. en *6*
couleur, sans marge, très-belle ép.

428 **Ward** (D'ap.). The lovely Brunette. Ovale in-4,
par *Williams*, marge.

429 — Jeune Fille tenant des fruits. — Jeune Fille
coiffée d'un chapeau. 2 p. in-4 en couleur.
Belles ép.

430 **Watteau** (D'ap.). Costumes : deux hommes et
une femme (167). — Deux femmes et un homme
(168). 2 fac-simile, sanguine par *Bonnet* sur la
même feuille. Très-belles ép.

431 — Louis XIV mettant le cordon bleu au duc
de Bourgogne. In-fol. par *De Larmessin*. Très-
belle ép.

432 **Watteau** (D'ap. L.), de Lille. La quatorzième
expérience aérostatique de M. Blanchard, à Lille.
— Entrée de M. Blanchard et chev. Lépinard,
à Lille. — Fédération à Lille. 3 p. in-fol. par
Helman.

433 **Westall** (D'ap.). Scène d'Hamlet, acte 4. In-fol.
en travers par *Hogg*. Belle ép., marge.

434 **Wille** fils. Petit Waux-Hall : la jeune Coquette
entourée de vieux adorateurs. Eau-forte origi-
nale in-fol., marge.

435 **Wille** fils (D'ap.). La Mère contente, par *Ingouf*.

436 — Le Temps perdu, par *Halbou*. — Dédicace
d'un poème épique. — L'Essai du corset, par
Dennel. 3 p. in-fol. papier vélin, toute marge.

437 **École du XVIIIᵉ siècle.** Repos de chasse
de Mᵐᵉ la Comtesse de ... — Les Adieux. — La
Décrépitude parée des ajustements de la jeu-
nesse, etc. 4 p.

DESSINS

438 ANONYME. Renaud dans le palais d'Armide, à 36
la plume et aquarelle. In-fol.

439 — Adam et Eve dans le Paradis terrestre. A la 5
plume, aquarelle in-fol. *Monnet*

440 — Jolie femme assise dans la campagne. In-fol. 5.50
au crayon.

441 — Femme assise près d'une fenêtre où se trouve 5
un vase étrusque. Gouache petit in-fol.

442 — Femme debout vêtue d'une robe de gaze 4.50
In-fol. aux trois crayons.
Ces 2 dessins costumes du Directoire.

443 BONNOMET (CHARLES). Etudes de têtes sanguine, 4
3 — et autres, crayon noir, d'après Raphaël,
David, etc. 11 p.

444 — Daphnis et Chloé non terminé, torse de 4
femme d'ap. l'antique, Académie et autres. 8 p.

445 — Femme nue couchée, Adam et Eve, Vues de 4.50
château. 4 dessins à la sépia.

446 — Calques, Académies et Croquis divers. 25 p. 2 *Viy*

447 DESSINS CHINOIS. Chinois fait à la plume en 0
10 minutes, par un Chinois, à l'exposition de
Londres, en 1853.

448 FRAGONARD (HONORÉ). La Visite à la nourrice : 1100
Une dame debout à gauche tient par la main un
petit garçon qui caresse un gros chien; elle
s'approche d'un berceau sur lequel la nourrice
s'appuie; derrière le berceau le père assis tient
dans ses bras son petit enfant pour l'embrasser;
une jeune fille penchée lui parle et deux autres
enfants les regardent. Belle composition de huit
figures, superbe dessin in-fol. en bistre.

449 GHEZZI. Personnages en pied, un peu chargé. A
la plume. 2 p.

450 GIRODET (Ecole de). L'Amour et Psyché. —
Mars et Vénus surpris par Vulcain. 2 dessins
effets de lumière à l'encre de Chine rehaussée
de blanc, sur papier bleu.

451 HUET (I. B.) 1783. Vénus debout vue de dos;
l'Amour près d'elle l'enflamme. Superbe aquarelle signée.

452 HUOT (1841). Iris c'est de bon heur, etc. d'ap.
Watteau. Belle aquarelle.

453 JANSSENS. Bacchanale, pierre d'Italie rehaussée
de blanc sur papier bleu. In-fol.

454 JULLIEZ (Ch.). Deux têtes sur l'oreiller. 2 aqua-
relles.

455 LORDON. Calypso ordonnant à ses nymphes
d'incendier le vaisseau de Télémaque. Beau
dessin à l'estompe, neuf figures.

456 PALLIERE (Etienne). Têtes d'études d'ap. *Raphael*
et autres, à la sanguine, et une de Julien Palliere.
13 p. cartonnées.

457 PEINTURE A L'HUILE. Académies de femmes
vues devant et derrière, sur papier, in-fol.
Superbe.

458 Voyage en Normandie, 1836. Croquis de vues
faites d'après nature, Tancarville, etc. 9 p.

459 Sous ce numéro les Portefeuilles de la collec-
tion.

Vᵉ RENOU, MAULDE et COCK, impr⁵ de la Cⁱᵉ des Commissaires-Priseurs,
rue de Rivoli, 144.   89637

10 Mains chemises a 1f50	15		
Honoraires 10 %	131 D		
* 5 montages a 40	2		
X 187 — a 25	46 75		
1 52 — a 15	7 80	1420 05	
75 affiches colombier et affiches		25 50	
Insertion au moniteur des ventes		23 10	
Déclaration de Vente		2 20	
Timbre du procès Verbal		7 20	
Enregistrement		328	
Versement en bourse commune		412 80	
Honoraires à Mᵉ Delestre		412 80	
Location de la Salle 4. 3 jours		119 20	
Chaise et Crieur 2 jours		24	
800 Catalogues		289	
Transport et Service de salle		23 10	
Pour Supplément de travail		32	
Enregistrement de la décharge		3 75	
		3142 70	
Déduire 5 % des acquéreurs		655 05	2487 65

9 782019 308629